Ho'oponopono

Les 4 grandes lois spirituelles révélées

Catalogage avant publication de Bibliothèque et Archives nationales du Québec et Bibliothèque et Archives Canada

Williamson, Alain, 1958-

Ho'oponopono : les 4 grandes lois spirituelles révélées

ISBN 978-2-89436-637-0

1. Ho'oponopono. 2. Réalisation de soi. I. Titre.

BF637.S4W544 2015 158.1 C2015-940353-7

Nous reconnaissons l'aide financière du gouvernement du Canada par l'entremise du Fonds du livre du Canada (FLC) pour nos activités d'édition.

Nous remercions la Société de développement des entreprises culturelles du Québec (SODEC) pour son appui à notre programme de publication.

Gouvernement du Québec – Programme de crédit d'impôt pour l'édition de livres – Gestion SODEC.

Infographie de la couverture et mise en pages : Marjorie Patry

Révision linguistique : Amélie Lapierre

Correction d'épreuves : Michèle Blais

Éditeur : Les Éditions Le Dauphin Blanc inc.
Complexe Lebourgneuf, bureau 125
825, boulevard Lebourgneuf
Québec (Québec) G2J 0B9 CANADA
Tél. : 418 845-4045 Téléc. : 418 845-1933
Courriel : info@dauphinblanc.com
Site Web : www.dauphinblanc.com

ISBN version papier : 978-2-89436-637-0
ISBN version numérique epdf : 978-2-89436-638-7
ISBN version numérique epub : 978-2-89436-639-4
ISBN version numérique mobi : 978-2-89436-640-0

Dépôt légal : 2e trimestre 2015
Bibliothèque nationale du Québec
Bibliothèque et Archives Canada
Données de catalogage disponibles auprès de Bibliothèque et Archives nationales du Québec.

Imprimé au Canada

Alain Williamson

Ho'oponopono

Les 4 grandes lois spirituelles révélées

Le Dauphin Blanc

Du même auteur, publiés aux Éditions Le Dauphin Blanc

La Villa des Miracles, 2014

Agenda pour une année 2015 passionnante, 2014

Le Luthier, 2013

Le Calepin de David Marteens, 2013

Le Carnet de vie, 2012

Manuel pratique du Tableau de vie, 2012

Le tableau de vie, 2012

À Morrnah Simeona

Table des matières

Avant-propos

À l'été 2007, j'étais à Virginia Beach, sur la côte Est américaine, en vacances avec ma femme et mes enfants. C'était notre destination soleil depuis des années. Comme à l'habitude, nous avions loué une maison près de la mer et nous passions la majeure partie de notre temps à la plage. Détente, baignade, jeux, châteaux de sable et, bien sûr, lecture sous le parasol occupaient nos journées.

Lire à la plage, sous un parasol, bercé par le son des vagues, c'est l'une de mes activités favorites en vacances. Une autre est de bouquiner dans toutes les librairies que je croise. Ceux qui me connaissent, ne serait-ce qu'un peu, n'en seront pas surpris!

Dans cette charmante ville côtière, j'avais donc l'habitude de visiter quatre librairies à chacun de mes séjours. Et, c'est dans l'une d'elles, lors de ce voyage de 2007, que je mis la main sur un ouvrage qui allait avoir un impact majeur sur ma vie d'éditeur et sur mon cheminement personnel.

Malgré une couverture peu attrayante, comme c'est souvent le cas pour les livres américains – l'éditeur a depuis rafraîchi la couverture –, le titre m'avait accroché tout comme le nom des auteurs. *Zero Limits*, de Joe Vitale et du Dr Hew Len. Je connaissais déjà Joe Vitale comme auteur. J'avais lu un ou deux de ses ouvrages précédents. Quant au Dr Hew Len, son nom à consonance hawaïenne m'intriguait. La lecture du texte au dos du livre m'avait convaincu de l'acheter.

L'après-midi même, de retour à la plage, je commençai la lecture de l'ouvrage tout en jetant des coups d'œil aux enfants pour m'assurer de leur sécurité – la mer peut être sournoise à certains endroits de la plage. Immédiatement, j'eus la certitude que je devais publier ce livre en français.

Il ne me fallut pas plus de deux jours pour compléter la lecture de *Zero Limits*. Pour le reste des vacances et sur le chemin de retour à la maison, j'ai répété les quatre phrases qui constituaient l'essence de la méthode Ho'oponopono enseignée dans le livre. Pour ne pas que ma femme et mes enfants me croient cinglé – ils ne connaissaient pas la teneur de l'ouvrage en question –, je répétais ces phrases intérieurement ou à voix si basse que c'était pratiquement inaudible. Transporté par l'enthousiasme que le livre avait fait naître en moi et par le désir de le publier en français, je me sentais léger et joyeux – oui, bien sûr, les vacances permettent aussi ce bien-être – et je m'étais même inventé un petit refrain sur lequel je fredonnais les quatre phrases en question : « Je t'aime », « Je suis désolé », « Pardonne-moi », « Merci ». Les auteurs affirmaient que ces phrases pouvaient créer des merveilles dans tous les domaines de la vie. Rien de mieux que d'en faire la démonstration!

À mon retour au Québec, au moment de reprendre le boulot, j'ai constaté que mon distributeur de l'époque avait laissé quelques messages dans ma boîte vocale. Il voulait que je lui expédie en urgence une importante quantité d'exemplaires d'un titre publié un mois ou deux auparavant et qui, contre toute attente, avait connu d'excellentes ventes au cours des derniers jours, ce qui était tout de même exceptionnel à cette période de l'année.

Intérieurement, j'ai immédiatement relié ce sursaut imprévu de ventes à mon utilisation de la méthode Ho'oponopono que le livre *Zero Limits* enseignait. Pour moi, c'était la confirmation que cette méthode donnait des résultats.

Sans tarder, je me suis mis en quête des droits francophones de ce titre. Tout s'orchestra pour que je les obtienne rapidement. Dès l'automne, la traduction débutait. Le livre parut en français à la fin du printemps 2008 sous le titre *Zéro limite*. Il connut un départ modeste; après tout, le public francophone – à part peut-être quelques chercheurs avisés – ne connaissait pas le terme *Ho'oponopono* et encore moins la méthode elle-même. *Zéro limite* était, si je ne m'abuse, le premier livre francophone populaire sur ce sujet, ou du moins l'un des tout premiers. Il fallait donc lui donner le temps de séduire les lecteurs… et que je continue à pratiquer la méthode elle-même! Le succès ne se fit pas trop attendre. Dès l'année suivante, les ventes explosèrent, tant au Québec qu'en France, pour ne jamais s'arrêter par la suite.

Depuis, mon intérêt pour la Huna – la spiritualité hawaïenne de laquelle est issue la méthode Ho'oponopono – a constamment grandi. J'ai fait deux séjours à Hawaï – l'un sur l'île d'Oahu et l'autre sur l'île de Maui – et j'ai effectué de nombreuses recherches, notamment dans des livres parfois très anciens. À titre d'éditeur, j'ai également publié plusieurs ouvrages sur le sujet (voir à la page 121).

Puis, en 2014, j'ai écrit et publié, sous la forme d'un roman initiatique intitulé *La Villa des Miracles*, une synthèse accessible de la Huna et de Ho'oponopono afin de permettre, je l'espère, à un plus large public encore d'en découvrir les bienfaits.

Le succès de mon livre et l'intérêt des lecteurs pour l'enseignement qui s'y trouve m'amenèrent à donner des conférences et des ateliers sur le sujet. Inévitablement, à la fin de chaque conférence, plusieurs personnes me confiaient que ma façon de présenter et d'expliquer Ho'oponopono leur avait permis de mieux comprendre cette méthode; certains affirmaient même la saisir pour la première fois!

C'est de ce partage avec les lecteurs et les personnes ayant assisté à mes conférences qu'est née l'idée de ce livre.

Évidemment, il est difficile d'expliquer Ho'oponopono sans parler des autres aspects et principes de la spiritualité hawaïenne. J'en ferai donc mention, non par des explications exhaustives qui déborderaient le cadre de ce livre, mais de façon à simplement soutenir la compréhension des différentes notions de Ho'oponopono. Le lecteur pourra facilement poursuivre ses recherches s'il désire approfondir les éléments de la Huna.

Je ne pourrais continuer sans faire une mise en garde. Si les enseignements de ce livre – et de bien d'autres également – peuvent susciter une ouverture de conscience et une compréhension accrue de la méthode, seule la pratique assidue et régulière donnera de réels résultats dans la vie du lecteur. Si la connaissance intellectuelle est une étape nécessaire, le savoir intérieur issu de l'observation et de l'expérimentation est certainement gage de transformations.

À ceux qui abordent pour la première fois la méthode Ho'oponopono, je leur souhaite de belles découvertes. Quant à ceux qui la connaissent déjà, j'espère que mon livre en affinera leur compréhension et les inspirera à utiliser Ho'oponopono dans toutes les circonstances de leur vie.

Bonne lecture.

Alain Williamson

Chapitre 1

...

Ho'oponopono, d'hier à aujourd'hui

Puisque Ho'oponopono est l'un des différents aspects de la spiritualité hawaïenne, il n'est pas vain de remonter un peu – et même beaucoup – dans l'histoire hawaïenne pour en retrouver l'origine.

Un peu d'histoire...

De récentes recherches ainsi qu'une étude de textes anciens de plusieurs civilisations portent à croire que la Huna remonterait à l'époque d'un continent que plusieurs considèrent comme mythique, la Lémurie, ou le continent Mû. Ce dernier se situait au milieu de l'océan Pacifique. Les îles Hawaï au nord et, au sud, les îles Tahiti, Samoa, Fidji et de Pâques, notamment, seraient les derniers vestiges de ce continent qui fut englouti lors d'une catastrophe naturelle sans précédent.

Les Lémuriens avaient atteint un haut niveau de conscience et de savoir spirituel qui ne fut égalé

que par un petit nombre d'individus dans l'histoire de l'humanité. On suppose que les Esséniens, à l'ouest, et les Mayas, à l'est, avaient reçu la visite des navigateurs lémuriens. Ces derniers leur ont ainsi transmis leur savoir, de la même façon qu'ils l'ont fait pour d'autres civilisations, comme en témoignent des gravures sur des parois ou sur des pierres, des statues et même des légendes.

Lorsque la Lémurie fut engloutie dans les eaux profondes du Pacifique, ne laissant que ses plus hauts sommets à la surface – qui forment aujourd'hui la Polynésie –, le savoir spirituel et technologique de son peuple furent perdus en grande partie. Symboliquement, la Lémurie est le jardin d'Éden de l'Ancien Testament, tandis que sa destruction est relatée dans le Déluge.

Les survivants, isolés sur leurs îles, se retrouvèrent dans un état précaire, voire primitif. La transmission des connaissances ne put se faire que par voie orale, de génération en génération, en subissant des altérations inévitables selon les personnes qui les transmettaient. La philosophie « lémurienne » conserva son essence, mais vit certains de ses aspects être oubliés ou modifiés selon les îles sur lesquelles les habitants demeuraient isolés.

La spiritualité hawaïenne est ainsi issue des enseignements hautement spirituels de la Lémurie, bien qu'elle n'en constitue nullement l'intégralité. Il reste sans doute encore beaucoup de choses à découvrir sur la Lémurie et sa spiritualité.

Lorsque les premiers missionnaires chrétiens débarquèrent à Hawaï, autour des années 1500, ils furent d'abord étonnés de constater que de nombreuses histoires de l'Ancien Testament trouvaient écho dans les légendes du peuple hawaïen. Par contre, rien du Nouveau Testament ne semblait correspondre à la tradition des Hawaïens. Rien, à part

les exploits, réalisés par certains Hawaïens, qui ressemblaient étrangement aux miracles attribués à Jésus! Probablement peu relatés par les missionnaires cloîtrés dans le dogme chrétien de l'époque, les exploits dont faisaient preuve régulièrement les Hawaïens comprenaient des pêches exceptionnelles, des guérisons inexplicables, le contrôle des éléments naturels, et bien d'autres choses encore. Du déjà vu pour toute personne ayant lu ou étudié l'histoire de Jésus. Ce dernier, on le sait, quitta la Palestine pour étudier en Égypte, possiblement auprès de communautés esséniennes dépositaires des connaissances lémuriennes.

Ce n'est pourtant que des siècles plus tard que l'Amérique s'intéressa à la spiritualité hawaïenne. Un professeur américain, Max Freedom Long, se rendit travailler à Hawaï dans les années 1940.

Rapidement, Long, qui partageait la vie quotidienne des Hawaïens, fut témoin d'exploits stupéfiants : marches sur le feu, guérisons miraculeuses, maîtrise des éléments de la nature, contrôle de la douleur, etc. Il se dévoua à l'étude de ces phénomènes et pénétra l'univers de la spiritualité hawaïenne, qu'il appela *Huna*, ce qui signifie « secrets ». Il observa que certains Hawaïens préservaient la tradition orale et la transmettaient aux autres, un peu à la façon d'un prêtre ou d'un pasteur. Long les appela *Kahuna*, ou « gardiens des secrets ».

Après des décennies de recherches et d'observations, Long consigna le tout, préservant ainsi la tradition orale hawaïenne et faisant en sorte que la Huna traverse le Pacifique et se répande lentement en Amérique du Nord.

Depuis une vingtaine d'années, l'intérêt pour la Huna croît sans cesse, principalement grâce à la popularité de Ho'oponopono.

Ho'oponopono

Originellement, et pendant des siècles, *Ho'oponopono* était une méthode pour corriger une situation conflictuelle entre deux individus, deux familles, deux clans. Le mot lui-même pourrait se traduire par « rendre juste, corriger, remettre dans l'ordre parfait ».

Par exemple, lorsque deux individus vivaient un conflit ou qu'ils étaient coincés l'un et l'autre dans une situation chaotique, ils étaient convoqués au centre du village (ou de la famille, selon le cas) où les rejoignaient un *Kahuna* et les autres membres du village (ou de la famille). Dans un climat de respect et de bonne volonté, et encouragés par chaque personne de l'assistance, tous les individus concernés pouvaient, à tour de rôle, exprimer leur vision de la situation. Après s'être écoutés, l'un et l'autre, les deux individus étaient invités à accepter leur propre responsabilité dans la situation et à saisir l'occasion qui leur était donnée de grandir et de s'améliorer. On faisait appel à la maturité spirituelle des êtres, basée sur le principe hawaïen qui stipule que tout ce qui est dans notre vie est sous notre responsabilité, jamais celle de l'autre, que nous créons nous-mêmes les situations de notre vie et que, par conséquent, l'autre n'est jamais à blâmer. Il nous fournit plutôt une leçon servant notre évolution.

Ho'oponopono fut donc, pendant des siècles, une méthode de résolution de conflits en groupe.

Morrnah Simeona

On doit à Morrnah Simeona, une pure *Kahuna* née en 1913 à Hawaï et décédée en Allemagne en 1992, la transformation de la méthode Ho'oponopono comme on la connaît aujourd'hui.

Initialement, il s'agit d'un processus de pardon et de réconciliation en groupe. Simeona transforma Ho'oponopono, en 1976, en une méthode de développement personnel et de résolution de problèmes ou de situations pénibles adaptée à notre époque moderne. Percevant sans doute la montée d'un certain individualisme et une perte de connexion à la notion de groupe, de famille ou d'unité, elle conçut une toute nouvelle version de Ho'oponopono, à la fois inspirée de la spiritualité traditionnelle d'Hawaï et de ses études de diverses religions reconnues mondialement, comme le christianisme et l'hindouisme.

Cette initiative lui valut de nombreuses critiques de la part des traditionalistes hawaïens, mais Morrnah Simeona aura tout de même permis à la spiritualité hawaïenne de gagner plusieurs adeptes à travers le monde. Elle enseigna d'ailleurs sa méthode un peu partout aux États-Unis et dans une quinzaine de pays. Elle fut même invitée à quelques reprises à prendre la parole aux Nations unies.

C'est pourtant l'un de ses plus assidus étudiants qui propulsa, sans doute bien malgré lui, la popularité de la nouvelle version de Ho'oponopono.

Dr Jhaleakala Hew Len

Le Dr Hew Len est un psychiatre hawaïen qui a étudié auprès de Morrnah Simeona pendant de nombreuses années. Aujourd'hui encore, il poursuit l'œuvre de la respectée *Kahuna* en se dévouant à la diffusion de ses enseignements.

Le fait d'armes qui l'a fait connaître dans le monde entier est relaté sur Internet. En 1984, le Dr Hew Len fut engagé comme psychiatre dans l'aile à sécurité maximale d'un établissement hospitalier, où étaient enfermés de dangereux patients atteints de troubles mentaux et ayant un passé criminel notoire. Au moment de l'entrée en fonction du Dr Hew Len, les membres du personnel de l'hôpital se sentaient constamment menacés par les patients et peu s'y aventuraient, à moins d'être en groupe. Trois ans après l'entrée en fonction du Dr Hew Len, il ne restait plus que deux patients dans cette aile. Les autres (une vingtaine) avaient connu une telle amélioration de leur condition mentale et générale qu'ils purent être transférés dans des centres réguliers.

Interrogé sur la méthode qui lui a permis de réaliser un tel exploit, le Dr Hew Len affirma n'avoir jamais rencontré les patients et ne leur avoir jamais prescrit une quelconque médication. Il s'était contenté d'appliquer la méthode Ho'oponopono en relisant, à plusieurs reprises, les dossiers des patients criminels. Il expliqua qu'en guérissant les zones d'ombre en lui-même, qui faisaient écho à différents éléments des dossiers des patients, ceux-ci avaient du même coup connu une transformation (il faut nous rappeler que, pour les Hawaïens, tout est lié, tout est Un).

Cette histoire extraordinaire intrigua Joe Vitale, un auteur américain reconnu dans le domaine du développement personnel. Après avoir rencontré le Dr Hew Len et discuté longuement avec lui, Vitale, excessivement enthousiaste de ce qu'il découvrait, proposa au Dr Hew Len de coécrire un livre dévoilant non seulement son histoire, mais sa méthode.

Peu de temps après, *Zero Limits* était publié, appuyé par l'immense réseau promotionnel de Joe Vitale. C'est ainsi que Ho'oponopono se répandit dans le monde et transforma la vie de centaines de milliers de lecteurs.

Chapitre 2

...

La méthode

Essentiellement, la méthode Ho'oponopono est d'une simplicité déconcertante, ce qui lui attire malheureusement beaucoup de scepticisme. La méthode consiste en quatre phrases, banales en apparence, que l'on répète un peu à la façon d'un mantra.

Les quatre phrases, « Je t'aime », « Je suis désolé », « Pardonne-moi » et « Merci », sont en fait reliées à quatre grandes lois spirituelles qu'elles activent : la loi de l'amour, la loi de la responsabilité, la loi du pardon et la loi de la gratitude. C'est dans la compréhension de ces quatre lois que résident toute la puissance et l'efficacité de la méthode. Chacune d'elles sera vue dans l'un des chapitres de ce livre.

Quelques principes spirituels hawaïens

Avant de nous attarder sur l'application de la méthode, il nous sera grandement utile de considérer certains principes spirituels hawaïens.

L'UNITÉ

Les ancêtres hawaïens connaissaient bien le concept de l'Unité. Leur vie entière en était imprégnée. Ils vivaient en harmonie avec ce principe. Le souffle était pour eux la représentation physique de l'Unité. L'air inspiré représentait l'essence même de la vie, de la divinité. Les Hawaïens inspiraient l'essence de Dieu – qu'ils partageaient avec tout le règne vivant – et expiraient cette essence augmentée de leur propre énergie, de leur propre essence. Le souffle était l'échange entre l'être humain et Dieu, ou la vie, si vous préférez. Cette interaction leur confirmait l'Unité.

Les Hawaïens se sentaient unis au reste de la Création. Grâce à cette conception de la vie, ils pouvaient, entre autres, interagir avec les éléments de la nature, les mondes végétal et animal et les forces de la vie. Ils arrivaient même à les diriger.

L'Unité leur permettait aussi de se considérer comme cocréateurs de leur vie et de tout ce qui en faisait partie. Ils œuvraient grâce au *mana*, l'« énergie de vie qui nourrit et soutient toute chose ». Le *mana* consistait en une substance invisible et universelle, une force disponible pour matérialiser tout ce qui était imaginé.

LA RESPONSABILITÉ

Les Hawaïens vivaient selon le principe de l'entière responsabilité. Pour eux, tout ce qui faisait partie de leur vie était sous leur responsabilité. Puisqu'ils se considéraient comme cocréateurs avec le Divin, ils reconnaissaient leur rôle et l'acceptaient entièrement. Comment, dès lors, auraient-ils pu rejeter le blâme sur une autre personne, la vie ou Dieu pour les situations qu'ils affrontaient? Ils avaient la conscience de leur responsabilité dans chaque aspect de la vie.

Ce principe est l'un des piliers de la spiritualité hawaïenne. Puisque nous sommes créateurs de notre monde, de notre univers, de notre vie, comment pourrions-nous rejeter la faute sur quelqu'un d'autre ou sur quelque chose d'autre que nous-mêmes? C'est aussi l'un des principes les plus difficiles à « intégrer » pour l'être humain contemporain qui cherche constamment des coupables à l'extérieur de lui.

Il faut faire attention de ne pas confondre *responsabilité* et *culpabilité*. Si la responsabilité nous ramène à notre propre pouvoir, la culpabilité, elle, nous détruit lentement en étouffant notre pouvoir intérieur et en nous éloignant de notre véritable nature.

AUCUNE LIMITE

Pour les Hawaïens, le monde extérieur était à l'image de leur monde intérieur. Il n'y avait que leurs propres croyances pour fixer des limites à leur univers. Ils avaient intégré dans leur vision de la vie le concept de l'infini. Il n'y avait donc aucune autre limite que celles qu'ils s'imposaient eux-mêmes. Cette vision leur conférait une grande ouverture de conscience et une élévation de leur taux vibratoire, permettant dès lors l'accès à une infinité de possibilités.

LES TROIS SOI

Pour les Hawaïens, l'homme est constitué de trois Soi durant son existence terrestre, tout en étant relié à une quatrième dimension entièrement spirituelle.

Soi inférieur – *Unihipili* – Subconscient

Le Soi inférieur est l'enfant intérieur de la psychologie moderne. Il veille au fonctionnement du corps. Il est émotif et ne raisonne pas. Il accepte tout ce qui lui est dit, que ce soit vrai ou non, principalement ce qui est ressenti comme vrai. Il enregistre tout et a une capacité de mémoire phénoménale. Il est cependant encombré d'une multitude de mémoires, positives ou négatives, qu'il fait ressurgir dans la réalité chaque fois que des situations similaires se produisent. Comme il est émotif et qu'il se sent facilement blessé, les mémoires reliées à des blessures, à des échecs ou à des moments pénibles ont un impact particulièrement intense sur des situations de la vie courante. Il est également le siège de la transformation de la matière. Il est l'outil du pouvoir créateur en l'homme. Il ne connaît qu'un seul temps : le présent.

Soi du milieu – *Uhane* – Conscient

C'est ce que nous désignons souvent par l'ego. Le conscient est le Soi qui interagit directement et constamment avec la réalité créée (le monde extérieur) par les cinq sens qui lui servent de capteurs de son environnement. Le conscient raisonne, mais n'est pas émotif. Son rôle doit être de protéger le subconscient en filtrant ce qui le pénètre et ainsi éviter l'accumulation de mémoires chaotiques. Il doit aussi se discipliner pour se concentrer sur le but inspiré par l'âme. Il est celui qui est le plus touché par le besoin de survie, ce qui le mène à vouloir contrôler et prendre toute la place. Il est le seul des Soi à subir le temps : passé, présent et futur.

Soi supérieur – *Aumakua* – Supraconscient

C'est l'âme, la petite voix de sagesse en nous. Le supraconscient est lié à tout ce qui est création, inspiration, élévation. Son rôle est d'être l'intermédiaire entre notre essence divine et les composantes de notre humanité. Il fournit l'énergie (*mana*) pour que le subconscient puisse réaliser la matérialisation de ce qui est ressenti ou désiré. Dans la dimension de l'âme, les trois temps – passé, présent, futur – sont une seule et même chose. L'âme est la dimension la plus élevée chez l'être humain incarné. Elle est éternelle, sereine et patiente.

Conscience divine – *Akua* – Je Suis

C'est notre essence profonde, notre divinité. Nous avons tendance à la désigner actuellement par les termes *Je Suis*. Cette partie de nous n'est pas incarnée et ne peut l'être. Nous pouvons toutefois nous y relier et établir un contact direct avec elle. Par exemple, c'est ce que Jésus était parvenu à réaliser. Il vivait en constante union avec cette dimension élevée de lui-même, avec Dieu, littéralement, ce qui explique l'instantanéité de ses miracles.

Dans notre état de conscience actuel, il est impossible de saisir l'étendue et l'importance de cette dimension de notre être. Elle est hors du temps, infinie et intemporelle.

Triangle d'ascension

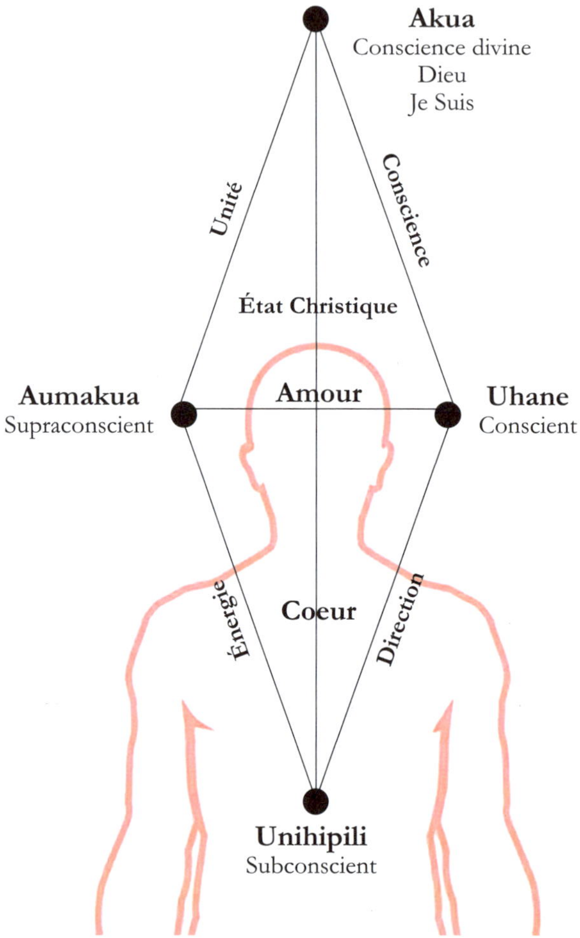

Triangle de création

Nous le constatons, les Hawaïens vivaient selon des principes très différents de ceux qui conditionnent notre vie actuelle. Ils possédaient une compréhension de la vie, du sacré, de Dieu, de leur pouvoir intérieur et de leur véritable nature beaucoup plus élevée que les plus spirituels d'entre nous. Notre société conçoit un peu le monde à l'inverse des Hawaïens. Nous avons l'impression de subir des situations venant du monde extérieur qui, croyons-nous, conditionne ce que nous sommes et ce que nous vivons, toujours à la merci des actions d'autrui, de la nature, du « hasard » ou d'un Dieu vengeur et punitif. La philosophie hawaïenne pourrait véritablement transformer notre vie et la société tout entière. Nous devons toutefois accepter de faire un pivot dans notre conscience et de voir l'Univers et la vie d'une tout autre façon.

Utilisation de la méthode

Comme mentionné auparavant, la méthode consiste essentiellement en la répétition de quatre phrases, ce qui est particulièrement simple et accessible à tous. Toutefois, certaines précisions permettent non seulement une meilleure compréhension du procédé, mais une plus grande efficacité.

À QUI NOUS ADRESSONS-NOUS?

Cette question revient souvent chez les lecteurs. Après tout, la forme dans laquelle sont présentées les phrases laisse supposer que nous nous adressons nécessairement à une personne en particulier. Cela est source de confusion et de réticence pour plusieurs personnes.

La première recommandation est de ne pas nous adresser à une personne en particulier lorsque nous faisons Ho'oponopono. Penser alors à une personne ou diriger Ho'oponopono vers quelqu'un en particulier ferait forcément intervenir l'ego, qui interpréterait le processus comme un jugement envers la personne en question (« Je dois faire Ho'oponopono "sur" un tel parce qu'il en a besoin, qu'il n'est pas assez bon » ou « C'est sa faute, ce qui est arrivé, mais comme je suis bon, je vais faire Ho'oponopono sur lui »). Cela va évidemment à l'encontre même de ce que prônent les Hawaïens et le concept de l'entière responsabilité. Nous nous retrouverions donc à travailler dans le sens inverse de la méthode elle-même. Et, de toute façon, nous n'avons pas à travailler sur personne d'autre que nous.

Il vaut toujours mieux nous adresser soit à Dieu (ou à ce que représente la divinité pour nous), soit à la vie en général, soit à nous-mêmes. Nous gardons alors en tête la situation conflictuelle ou chaotique qui nous dérange tout en répétant les phrases. Les différents intervenants reliés à la situation ou au conflit vivront du même coup une transformation. La situation aura été rectifiée; nous-mêmes, nous aurons été « guéris », et comme tout est relié et que le principe de l'Unité prévaut, alors forcément tout ce qui a trait à la situation (personnes ou circonstances) sera aussi modifié positivement.

DEVONS-NOUS RÉPÉTER LES PHRASES MACHINALEMENT OU LES DIRE AVEC LE PLUS DE CONSCIENCE POSSIBLE?

Nous préconisons les deux options, et voici en quoi consiste chacune d'elles.

Un travail conscient est d'une formidable efficacité. Pour y parvenir, nous retirer dans un lieu paisible est tout indiqué. Ça peut être une pièce de la maison, un endroit en nature ou tout autre lieu où nous pouvons être tranquilles et en paix. Quelques profondes respirations sont aussi appropriées avant d'amorcer le processus. Cette préparation nous *positionne* intérieurement pour être plus réceptifs à ce qui suivra.

Également, les explications des quatre phrases en rapport avec les quatre grandes lois spirituelles correspondantes, que nous verrons dans les prochains chapitres, nous seront d'une grande utilité pour comprendre le processus et ouvrir notre conscience. L'intégration de Ho'oponopono est alors décuplée lorsque nous comprenons les intentions derrière chacune des phrases. Dans cette optique, toutes les composantes de l'être humain, les trois Soi, participent au processus. Mentionnons également qu'un débit lent aidera à demeurer conscient des énergies mises en action lors du processus. Plus l'intériorisation est importante, plus la conscience sera alerte. La lenteur dans la répétition des phrases favorisera cette intériorisation.

Un travail fait dans l'état de conscience le plus élevé possible (c'est-à-dire en étant conscient des lois spirituelles participant au processus) devrait être une priorité et ne devrait jamais être négligé. Non seulement rend-il le processus plus efficace, mais ce travail conscient entraîne un état de bien-être et une confiance remarquables pour celui qui s'y prête.

Une répétition moins consciente, un peu à la façon d'un mantra, peut très bien compléter la première option. Bien qu'accomplie moins consciemment, une répétition machinale occupe l'esprit conscient et le déleste quelque peu de sa tendance à vouloir contrôler et à raisonner, ce qui permet à l'énergie reliée aux quatre phrases d'atteindre directement le subconscient, qui enregistrera le procédé et y participera.

De plus, cette option a l'avantage de se faire n'importe où, n'importe quand : dans une file d'attente, en voiture, en marchant, etc.

Les deux options peuvent aussi être utilisées le soir, juste avant que l'esprit conscient s'endorme. La répétition s'inscrira dans le subconscient qui continuera à l'entretenir énergétiquement toute la nuit. Lorsque nous dormons, le conscient tombe en veille et il ne peut plus choisir d'accorder ou de refuser l'accès au subconscient. Les dernières pensées au moment de tomber endormi prennent une grande importance, car c'est ce qui nourrira le subconscient durant toute la nuit. En nous endormant sur Ho'oponopono, nous sommes assurés que le subconscient aura de bonnes vibrations avec lesquelles il pourra travailler durant le sommeil du conscient. Car le subconscient ne dort jamais, ne l'oublions pas.

Un exercice intéressant est de répéter Ho'oponopono devant un miroir. Nous nous adressons bien sûr à nous-mêmes durant cet exercice. Bien qu'intimidant pour plusieurs, cet exercice permet une connexion à nous-mêmes des plus bénéfiques.

À VOIX HAUTE OU EN SILENCE?

Comme pour toute affirmation, il est préférable de faire Ho'oponopono à voix haute, sans crier, évidemment, car la puissance du verbe n'est jamais à négliger.

Toutefois, selon les circonstances et les lieux, nous pouvons répéter les phrases intérieurement ou à voix à peine audible. Il ne serait pas nécessairement bénéfique d'attirer l'attention sur nous dans un contexte qui ne s'y prête pas.

SUR QUOI POUVONS-NOUS FAIRE HO'OPONOPONO?

On peut faire Ho'oponopono sur à peu près tout. Comme mentionné auparavant, il est déconseillé de le faire en fonction d'une personne en particulier, principalement si nous vivons une situation émotive ou difficile dans laquelle cette personne serait impliquée. Mais, nous pouvons utiliser Ho'oponopono pour toute situation chaotique ou conflictuelle, toute circonstance qui nous dérange ou qui nous nuit, tout domaine de notre vie qui semble fonctionner moins bien, tout projet que nous souhaitons réaliser (pour enlever les blocages et les mémoires qui pourraient en contrecarrer la réalisation). Bref, pour à peu près tout, incluant les objets. À la base, tout est vivant, même les objets inanimés. Au cœur de chaque atome, qu'il fasse partie du corps humain ou d'un meuble, la même lumière, la même énergie est présente. Entre nos corps et notre mobilier, ce n'est que l'assemblage qui diffère. C'est l'une des découvertes de la physique quantique. Le concept de l'Unité peut d'ailleurs se comprendre à partir de cette constatation. Il n'est donc pas insensé de faire Ho'oponopono sur les objets.

LA FRÉQUENCE

Aucune restriction concernant la fréquence. Nous pourrions même dire que c'est préférable de le faire le plus souvent possible, ou du moins aussi souvent que nous en sentons le besoin. Même sans but précis, faire Ho'oponopono est bénéfique. Au fil du temps, nous accumulons une multitude de mémoires enfouies dans le subconscient et dont nous ne sommes pas du tout conscients. Ces mémoires rejouent dans notre quotidien selon les événements et sont responsables de bien des déboires dans notre vie. Faire Ho'oponopono sans but précis permet de liquider des mémoires avant même qu'elles puissent causer des dommages dans notre vie. Plus nous pratiquons Ho'oponopono, plus nous nous libérons des mémoires et mieux nous nous portons.

L'ORDRE DES PHRASES

Ce dernier point est très important. Plusieurs auteurs ou utilisateurs de la méthode commencent le processus par « Je suis désolé » et finissent par « Je t'aime ». En procédant de la sorte, ils démarrent le processus sur le plan du conscient au lieu de l'amorcer sur le plan de l'âme (voir schéma en page 55). Cela revêt une importance capitale.

En nous *positionnant* en premier sur le plan de l'âme, nous haussons nos vibrations et installons en nous les fréquences de l'amour. Cela crée une ouverture nécessaire pour accueillir le processus selon une vision qui se situe au-delà des considérations humaines et des influences de l'ego.

Le schéma démontre très bien l'ordre des phrases. En disant « Je t'aime », nous nous trouvons sur le plan de l'âme, du supraconscient, donc de l'aspect le plus élevé chez l'homme. Ensuite, nous nous déplaçons sur le plan du conscient avec « Je suis désolé ». Nous y faisons une véritable prise de conscience de la mauvaise utilisation de notre pouvoir créateur. En prononçant « Pardonne-moi », nous nous dirigeons par la suite vers le subconscient, le siège de la transformation du monde extérieur, le niveau où le pardon doit être effectué, où la guérison doit se faire. Et nous retournons à l'âme en disant « Merci ». Nous bouclons alors le processus en retournant à la dimension la plus élevée en nous. C'est une façon de purifier le processus et de retourner le tout à la Source.

Éventuellement, si la conscience en venait à s'élever suffisamment chez un être, il serait possible d'amorcer le processus à partir de la conscience divine, le *Je Suis*, puis de descendre vers le conscient, ensuite vers le subconscient et de terminer au supraconscient. Donc, au lieu de démarrer le processus sur le plan de l'âme, nous le commencerions sur le plan de la conscience divine, ce qui produirait un impact encore plus fort. En prononçant « Je t'aime » sur le plan de la conscience divine, le processus se trouverait déjà accompli, la guérison serait déjà réalisée, car, comme nous le voyons sur le schéma, la conscience divine est en lien direct avec son outil de transformation : le subconscient. Toutefois, nous n'en sommes pas encore à ce niveau. Il est plus facile de nous *positionner* sur le plan de l'âme que sur le plan de la conscience divine.

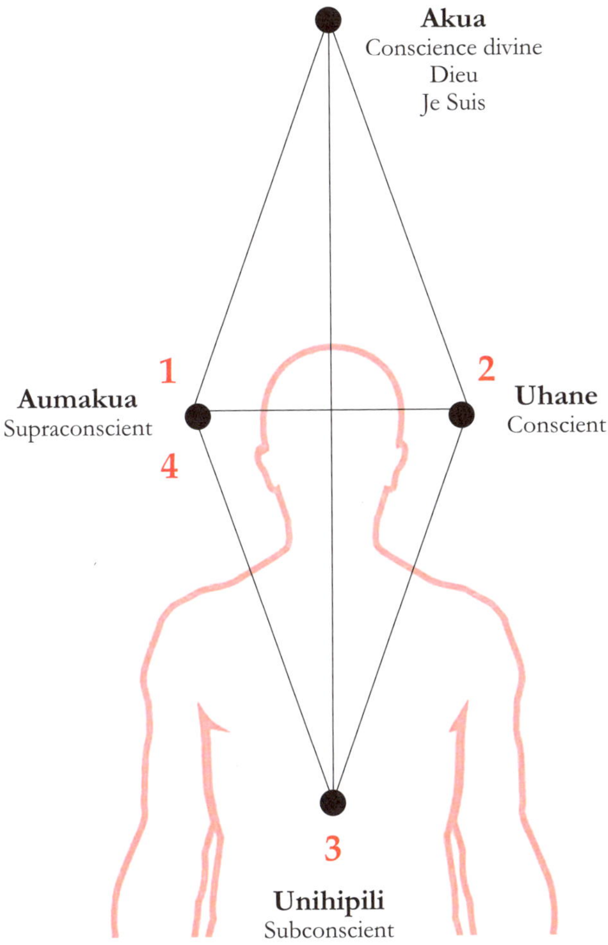
Akua
Conscience divine
Dieu
Je Suis
1
2
Aumakua
Supraconscient
Uhane
Conscient
4
3
Unihipili
Subconscient

Chapitre 3

...

« Je t'aime »

La loi de l'amour

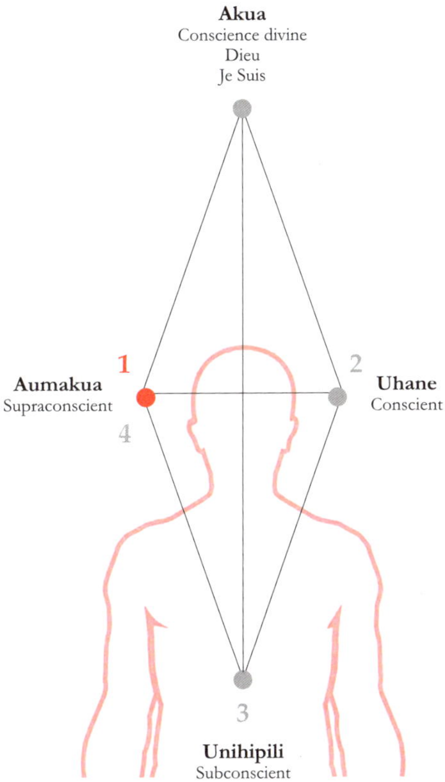

La loi de l'amour est celle qui entame le processus de guérison par Ho'oponopono.

En décrétant la loi de l'amour par l'affirmation « Je t'aime », nous nous *positionnons* automatiquement sur le plan de l'âme, de notre supraconscience. Nous élevons nos vibrations à un niveau supérieur. Nous nous relions à une dimension spirituelle, au-delà de notre personnalité humaine et de notre ego contrôleur.

Dans cet état élevé, dans l'amour, il n'y a pas de chaos, pas de conflit, pas de dualité.

Dans l'amour, nous sommes Un, nous sommes unis à tout ce qui nous entoure, à tout ce qui est. En reconnaissant cette Unité, nous formons un tout avec le sujet pour lequel nous procédons à Ho'oponopono.

Dans l'amour, nous reconnaissons notre nature divine, celle qui est inextricablement unie à la terre, à la nature, à tout ce qui vit, aux autres êtres, à Dieu. En reconnaissant notre propre nature, nous reconnaissons aussi celle de l'autre. Nous nous éloignons de tout jugement, nous déchirons le voile de l'illusion et nous considérons tout ce qui vit, incluant l'autre, comme étant divin.

Ces prises de conscience transcendent tout le reste et nous permettent de nous *déposer* dans l'essence de ce que nous sommes vraiment.

Dans l'amour, nous connaissons la joie, la légèreté, l'élévation. En prononçant « Je t'aime » et en nous ancrant dans la vibration de l'amour, nous ne pouvons plus entretenir des idées maussades, pessimistes, négatives ou tristes. Nous entrons dans la joie, dans la pureté. Nos sentiments globaux par rapport à la situation ou au problème s'alignent sur l'amour et se purifient.

Pour les Hawaïens, *aimer* signifie d'ailleurs « être heureux avec... ». En affirmant la première phrase, nous déclarons en quelque sorte que nous sommes heureux avec ce qui est dans notre vie, incluant la situation ou le problème qui nous préoccupe. En étant heureux avec la situation, en l'aimant, en quelque sorte, nous pouvons l'accueillir au lieu de lutter contre elle. Nos vibrations se sont élevées. Nous avons donc déjà une influence importante sur la situation. Nous venons de l'élever, elle aussi. Aimer la situation ne signifie pas que nous aimons souffrir, contrairement à ce que plusieurs personnes peuvent parfois penser. Nous n'apprécions pas les conséquences de la situation, car si nous travaillons avec Ho'oponopono pour corriger la situation, c'est qu'elle nous dérange ou nous fait souffrir. Mais, nous pouvons aimer la situation dans ce qu'elle a à nous offrir : une chance de grandir, de rectifier un problème, de réaligner des énergies pour le plus grand bien de tous, nous comme les gens concernés par la situation.

Si la situation nous affecte profondément et que nous nous sentons incapables de nous *positionner* sur le plan de l'amour, il est préférable de prendre un temps d'arrêt pour calmer la tempête intérieure. Nous ne devrions jamais entamer Ho'oponopono en nourrissant des sentiments négatifs de haine et de tristesse ou en nous y attachant. La pratique de la respiration profonde pendant quelques minutes est une façon de retrouver la paix intérieure, de calmer un esprit agité et de rassurer l'enfant intérieur (le subconscient) qui sera appelé à participer au processus.

L'amour a besoin d'un espace harmonieux pour fleurir. Nous devons le créer en nous-mêmes. Lorsque nous y parvenons et que nous accueillons l'amour en nous, une vague de bonheur nous transporte, un élan de joie nous élève. Nous sommes conduits au sommet de notre être, dans le nid réconfortant de notre âme, là où il n'y a aucun jugement, aucun mauvais sentiment, aucune blessure. Rien n'entrave alors notre vision et nous entrons dans une compréhension nettement plus claire que celle de notre nature humaine. L'amour permet ce changement de perception. Nous ne voyons plus les choses, les autres, les événements avec le conscient souvent « égotique », mais bien avec l'âme.

L'amour est la plus grande force de l'Univers, la plus haute énergie. Il est l'essence même de Dieu, du Divin. Nous connaissons très peu l'immense puissance de l'amour, malgré tous les conseils et les enseignements reçus au fil des siècles des êtres ayant atteint un haut degré d'évolution spirituelle. Le manque d'amour fige les situations ou les conflits et n'œuvre pas pour la résolution de problèmes. L'amour a ce pouvoir de désagréger les masses énergétiques négatives qui retiennent prisonniers les gens qui se haïssent. C'est pour cela que l'on nous a enseigné à aimer même ceux que nous considérons comme nos ennemis, qu'il s'agisse de personnes, de circonstances ou encore de maladies. L'amour est le plus grand libérateur qui soit, car l'amour est liberté.

Il n'est donc pas vain de nous *positionner* dans l'amour avant d'amorcer Ho'oponopono. Nous permettons alors à l'énergie divine, à l'amour, de préparer la libération, d'ouvrir le sentier qui mène à toute guérison.

Et nul besoin d'attendre l'amour de l'autre en retour ou de savoir s'il partage la même vision ou le même sentiment que nous pour émettre notre amour. Nul besoin même de lui témoigner personnellement notre amour. L'amour est notre arme secrète. Le ressentir, le diffuser et le nourrir suffit à tout changer. Les choses, les gens, les circonstances en seront assurément touchés positivement.

Dans notre humanité maquillée de peurs, de blessures, d'attentes, nous n'abordons généralement l'amour que sur le plan affectif, dans le domaine relationnel. Il devient alors amour passionnel, amour maternel, amour paternel, amour fraternel, amour amical. Tous ces sentiments sont merveilleux et immensément bénéfiques, mais ils n'ont bien souvent que peu de choses à voir avec l'amour réel tel que l'âme le conçoit. Ils sont souvent teintés de conditions, d'attentes, d'égoïsme même. En ce sens, ils sont trop souvent le pâle reflet de la puissance et de la grandeur de l'amour pur, de l'amour divin. Certes, nous pouvons l'imaginer, cet amour divin, y croire même, mais y adhérer et le rendre concret dans notre vie s'avère un énorme défi.

Plus nous prendrons du temps pour nous retirer dans notre monde intérieur, dans le sanctuaire de notre âme, plus nous aurons accès à la compréhension de cette énergie fabuleuse qui dépasse l'entendement humain.

L'amour n'est pas exclusif, il est inclusif. Par le fait même, il englobe tout, il accueille tout… et tous! Donc, nous-mêmes également.

Il est si difficile de nous aimer nous-mêmes. Nous nous jugeons, nous nous condamnons, nous nous culpabilisons. Nous sommes généralement durs envers nous-mêmes. Pourtant, nous témoignons de l'amour à plein de gens autour de nous. Sont-ils tellement plus méritants que nous? Sont-ils à ce point plus dignes d'être aimés que nous? Méritent-ils plus notre amour que nous-mêmes? Si vous pouviez entrer en relation avec vous-même, comme vous le faites avec vos amis ou vos connaissances, que penseriez-vous de vous-même? Vous condamneriez-vous? Vous aimeriez-vous? « Aime ton prochain comme toi-même », nous a-t-on enseigné. Comment aimer l'autre si nous ne nous aimons pas nous-mêmes? Nous ne pourrons jamais témoigner un amour inconditionnel aux autres si nous ne parvenons pas à nous témoigner à nous-mêmes un minimum d'amour, de respect, de reconnaissance de ce que nous sommes vraiment.

Nous sommes des êtres de pure lumière, des émanations du Divin venues dans le monde matériel pour en faire l'expérience, pour nous découvrir. Nous sommes fondamentalement des êtres de bonté et d'amour. Derrière nos blessures et nos armures, nous sommes bons, tous autant que nous sommes. Bien sûr, ce n'est pas toujours ce qui émane de nous. Le voile de l'illusion obstrue notre regard intérieur et nous n'arrivons à voir que l'apparence, que l'extérieur en somme.

Nous sommes des héritiers de l'amour divin. L'amour est Dieu en action à travers nous. Que faisons-nous de ce précieux héritage? Et si nous commencions par nous aimer nous-mêmes, réellement, en étant heureux avec nous-mêmes (*aimer*, c'est « être heureux avec... », selon le principe hawaïen)? Si nous refaisions l'Unité en nous-mêmes pour ensuite nous relier aux autres?

Nous fonctionnons à l'inverse. Nous tentons de ressentir l'amour envers les autres, mais nous

nous aimons si peu, parfois pas du tout. L'extérieur est le reflet de l'intérieur. Jamais l'inverse. Et c'est valable pour tout. L'amour doit être en nous avant que nous puissions le partager et le diffuser autour de nous.

En prononçant « Je t'aime », la première loi spirituelle est mise en action. Nous nous ouvrons à la grandeur qui nous habite et nous nous préparons à la guérison qui s'effectuera par Ho'oponopono. La seconde étape du processus nous amène à l'esprit conscient et à la deuxième grande loi spirituelle.

Chapitre 4

...

« Je suis désolé »

La loi de la responsabilité

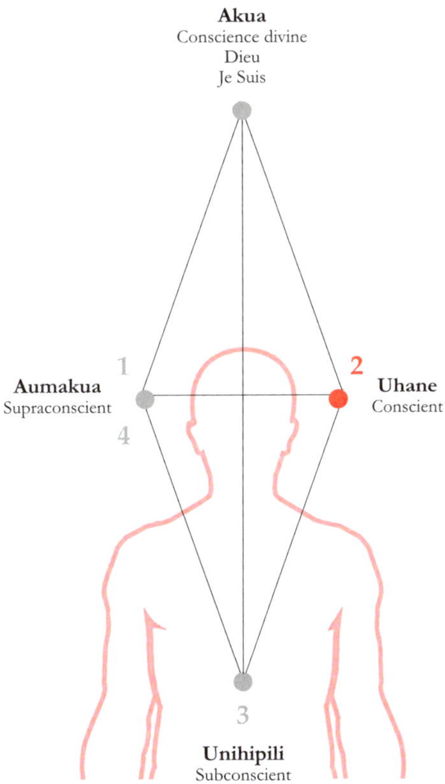

La loi de la responsabilité est certainement la plus difficile à accepter et à intégrer pour la majorité des gens. Toutefois, elle permet un véritable retournement de la conscience et amorce ainsi une élévation de la conscience.

Comme vu précédemment, la loi de la responsabilité constitue l'un des grands principes de la spiritualité hawaïenne. Elle stipule que nous sommes responsables à 100 % de tout, absolument tout, ce qui est dans notre vie. Elle soulève beaucoup d'objections, car l'ego refuse généralement d'accepter la responsabilité des actions qu'il attribue à d'autres personnes, au hasard ou à des forces extérieures, qu'elles soient naturelles ou divines, d'où l'importance d'amorcer Ho'oponopono par « Je t'aime » et de nous placer ainsi dans des vibrations au-dessus de l'ego.

La loi de la responsabilité nous amène à adopter une tout autre vision de la vie, nous invite à abandonner l'état de victime que la plupart d'entre nous adoptent fréquemment, et même, dans certains cas, constamment.

Après avoir élevé notre conscience en affirmant la loi de l'amour à la première étape du processus, l'étape suivante est de prendre conscience de notre entière responsabilité dans la situation ou le problème qui nous occupe. La loi de l'amour nous a accueillis dans un état d'ouverture, de béatitude, au-delà des vicissitudes et des problèmes de la vie. Bref, nous nous sommes établis sur le plan de l'âme. Là où tout est possible, là où l'Unité est une réalité.

À partir de cet état, nous pouvons procéder à une étape cruciale. Nous nous retrouvons face à nous-mêmes, face à notre véritable nature, celle de créateurs de notre univers.

En affirmant « Je suis désolé », nous acceptons ce pouvoir créateur qui est nôtre et nous reconnaissons par le fait même l'avoir mal utilisé, créant ainsi la situation chaotique dans laquelle nous nous trouvons. La phrase sous-tend celle-ci : « Je suis désolé d'avoir utilisé mon pouvoir créateur de la mauvaise façon. »

Cette affirmation est une prise de conscience de notre pouvoir créateur (notre nature divine), donc de notre responsabilité. Nous reconnaissons ainsi que la situation chaotique est celle-là même que nous avons créée, inconsciemment sans doute, mais que nous avons néanmoins créée nous-mêmes.

En effet, cette création n'a sûrement pas été consciente. Personne ne cherche à se mettre volontairement dans une mauvaise situation. Personne ne cherche à souffrir ou à vivre des embêtements. Toutefois, il faut bien reconnaître que nous vivons notre vie quotidienne dans une inconscience généralisée. Notre esprit conscient est ballotté d'une distraction à une autre, tandis que notre ego occupe une place prépondérante dans notre existence, influençant nos choix et nos décisions en fonction d'une fausse impression de survie.

Si nous négligeons ou refusons d'accepter que la situation est notre propre création – comme tout ce qui est dans notre vie –, l'ego prendra le contrôle et se mettra soit en position de victime soit en position de bourreau.

En victime, nous nous *positionnons* en état d'impuissance, *en mode* faiblesse, alors qu'en bourreau, nous sommes dans l'énergie de la vengeance. Dans le premier cas, nous désirons susciter la pitié et l'attention des autres en espérant qu'ils nous confortent dans notre vision et qu'ultimement, ils nous sauvent. Dans le second cas, nous cherchons à faire payer quelqu'un pour ce qui nous arrive. Le ressentiment, la vengeance, voire la hargne nous habite et nous ronge tel un cancer. Il faut noter que beaucoup de gens commenceront par le rôle de la victime avant d'endosser celui du bourreau, lorsqu'ils auront épuisé leur capital de sympathie.

Dans les deux cas, toutefois, le même problème est à la base de la réaction : puisque nous ne reconnaissons pas notre responsabilité et que nous renions ainsi l'existence même de notre pouvoir créateur, nous rejetons forcément la faute sur quelqu'un ou quelque chose. « Si ce n'est pas moi, alors c'est quelqu'un d'autre. »

Cette attitude peu évolutive et – nous devons bien le dire – primaire, nous amène à rejeter la responsabilité – qui se transforme rapidement en blâme – sur une personne, une compagnie, une institution, un gouvernement, un employeur, la nature, le hasard ou Dieu.

Le réflexe de base est généralement de « blâmer » une personne reliée directement à la situation.

Les gens peu éveillés à la subtilité de la vie rejetteront la faute sur le hasard ou sur Dieu.

Que ce soit en se considérant comme une victime ou en se *positionnant* dans le rôle du bourreau, à long terme – parfois même à court terme –, la personne subira le retour de son apitoiement ou de son ressentiment. La victime finira par se retrouver seule, ayant surtaxé le potentiel de sympathie de son entourage. Quant au bourreau, il s'autodétruira par les énergies dévastatrices de la vengeance et du ressentiment qu'il entretient.

À ce stade-ci, il faut comprendre que le monde extérieur est l'exact reflet de notre monde intérieur. Nous ne nous sentons pas trahis à cause de la décision ou de l'action de quelqu'un d'autre. Nous faisons l'expérience de la trahison parce que nous la portons déjà en nous, en tant que blessure du passé ou croyance erronée.

La différence de vision est énorme. Le fait d'accepter que nous portions déjà en nous le sentiment même ou l'état que nous vivons à l'extérieur, nous met en position de pouvoir. Si la situation est le reflet de notre intérieur, nous avons le pouvoir de la modifier en travaillant sur nous-mêmes, sur la cause intérieure. Comment pourrions-nous continuer d'adopter le rôle de la victime ou celui du bourreau? Le faire, ce serait demeurer prisonnier de la situation qui prévaut d'abord en nous. Au contraire, la libération est possible dès que nous acceptons notre rôle et notre pouvoir.

Les conditions physiques, matérielles, financières, psychologiques ou événementielles ont toutes leur origine à l'intérieur de nous. C'est dans le grand creuset alchimique de notre être que l'assemblage des éléments de ces conditions a eu lieu. Nous avons créé inconsciemment ces conditions, comme la répétition d'une leçon dans le but de nous en libérer et de guérir notre enfant intérieur.

Consciemment, avec la vision élevée de l'âme, nous pouvons « décréer » ces situations et les assembler différemment pour qu'elles nous soient favorables, cette fois, et à l'image de ce que nous désirons vraiment — ce que nous ferons à la troisième étape.

Responsabilité et culpabilité

Beaucoup de gens vivent un inconfort, pour ne pas dire un malaise, à dire « Je suis désolé ». Ils confondent responsabilité et culpabilité.

La responsabilité est un état de conscience propice à l'évolution, tandis que la culpabilité est un état de conscience menant à l'autodestruction.

Se sentir coupable est possiblement l'un des sentiments les plus néfastes pour l'être humain. La culpabilité est reliée à l'autojugement. Elle naît de l'incompréhension du cheminement de l'âme et du grand jeu de l'incarnation. Nous avons écrit le scénario de notre pièce de théâtre terrestre, nous y tenons le rôle principal et nous en sommes aussi le spectateur. Nous explorons notre véritable nature à travers diverses expériences qui nous permettent d'approfondir notre connaissance de nous, de notre nature divine, de la vie. Il n'y a pas de mal à proprement parler. Il y a des expériences, que le mental, influencé par la société dans laquelle il évolue, juge bonnes ou mauvaises. C'est bien ou c'est mal. Mais les expériences ne sont ni bonnes ni mauvaises, ni justes ou injustes. Elles sont, point! Elles servent notre évolution. Même si elles paraissent négatives au moment où elles sont vécues, il n'en demeure pas moins qu'elles seront bénéfiques sur le plan de l'âme, principalement si nous les acceptons et cherchons le message derrière chacune d'elles. Elles permettent des prises de conscience, des bonds évolutifs qui auraient été impossibles sans elles. Ne maudissons plus les expériences, peu importe leur nature. Demeurons dans l'amour et bénissons-les.

Au stade d'évolution où nous nous trouvons collectivement, nous entretenons tous des sentiments de culpabilité plus ou moins importants qui ont des répercussions de différentes intensités sur le corps physique et sur notre état psychologique. La culpabilité est en effet le nid de bien des malaises et des problèmes de santé.

Pour nous libérer de la culpabilité et contrer ses effets néfastes, il faut d'une part nous *positionner* le plus souvent possible sur le plan de l'âme, du supraconscient, afin d'avoir une compréhension à 360 degrés, tout comme notre vision en haut d'une montagne. Nous pouvons alors saisir – ou du moins entrevoir – le portrait global d'une expérience et son bien-fondé. Nous pouvons de plus cultiver la notion de l'entière responsabilité. Ajoutons que la méthode Ho'oponopono accomplie consciemment sera toujours salutaire pour contrer la culpabilité.

Je sais à quel point il peut être difficile d'accepter que nous sommes responsables à 100 % des situations et conditions de notre vie. J'écris ces lignes dans une chambre aux soins intensifs d'un hôpital où mon fils de quinze ans se remet d'une intervention chirurgicale pour replacer et stabiliser sa cheville fracturée. Pendant ce temps, je vis une situation qui m'attriste beaucoup sur le plan professionnel. Est-ce que j'ai créé ces conditions chaotiques qui font partie de ma vie actuellement? Mon ego crie haut et fort que je n'en suis nullement responsable, que mon fils est tombé par malchance, que quelqu'un pose des gestes injustes… C'est la voie facile : rejeter le blâme sur l'autre ou sur quelque chose d'extérieur à nous.

Mais, mon âme rapporte à ma conscience le concept de l'entière responsabilité. Ces situations proviennent de mémoires enfouies et de blessures du subconscient. Elles sont ma propre création dans ma vie et je les accueille. Elles ont un message à me livrer, des leçons à m'apprendre.

Je n'ai pas voulu que mon fils se brise la cheville – et lui non plus, croyez-moi – tout comme je n'ai pas souhaité vivre la situation professionnelle qui m'attriste, mais je dois bien reconnaître que ces deux expériences font partie de ma vie. Ce sont des actes de ma pièce de théâtre personnelle qui se joue devant moi et à laquelle je participe. Je dois chercher de quelles parties inconscientes de mon être ces situations sont le reflet afin de les libérer et du coup de me libérer. Mon fils et la personne en rapport avec la situation professionnelle ont eux aussi leur expérience dans la situation que l'on partage. Elle est leur création également, mais avec des leçons différentes, des sources différentes.

J'avoue que tout ceci n'est pas un réflexe inné. Il faut élever notre niveau de conscience, changer radicalement notre conception du monde et de la vie. Ce n'est pas facile, j'en conviens. C'est pourtant la seule manière de transformer les situations difficiles et délicates en de véritables bénédictions.

Mais, il faut aussi procéder au pardon… le pardon de nous-mêmes. C'est ce que la troisième étape du processus nous invite à faire.

Chapitre 5

...

« Pardonne-moi »

La loi du pardon

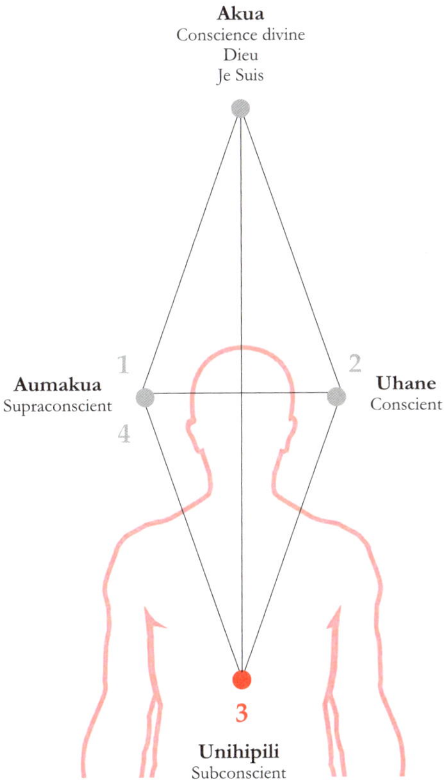

Après nous être élevés sur le plan de l'amour (l'âme) et avoir reconnu notre entière responsabilité (conscient), nous sommes prêts à effectuer la véritable guérison : le pardon (subconscient).

En prononçant « Pardonne-moi », nous mettons en action la loi du pardon et son énergie de guérison.

Toutefois, la notion de pardon prend ici un sens foncièrement différent de celui auquel nous sommes habitués. La deuxième étape de Ho'oponopono nous a placés devant notre propre responsabilité. Nous avons exprimé notre désolation et notre regret de ne pas avoir utilisé adéquatement et pour notre plus grand bien notre pouvoir créateur. Nous avons reconnu être les uniques responsables de la situation chaotique dans laquelle nous nous trouvons.

Alors, à qui pardonnons-nous? À l'autre? À celui qui, selon notre perspective humaine, nous a blessés ou nui?

Nous avons vu jusqu'ici – mais c'est un point si important que nous n'hésitons pas à y revenir – que la loi de la responsabilité nous enseigne que personne d'autre que nous-mêmes n'est la cause de ce que nous vivons, expérimentons ou ressentons. Notre vie est une pièce de théâtre. Répétons que nous l'écrivons, la jouons et l'observons tout à la fois. Tous les personnages de notre pièce sont les personnes qui font partie de notre vie, qu'ils aient un rôle principal ou secondaire ou qu'ils soient même de simples figurants.

Les gens ne font que jouer un rôle dans notre vie, le rôle que nous leur avons confié – sur le plan de l'âme ou du subconscient, mais de toute évidence pas sur le plan conscient – pour que notre pièce soit complète et réussie. Derrière le rôle du bourreau qui nous embête ou qui s'acharne sur nous, il y a une âme, à l'essence pure mais en évolution, comme nous. Et cette âme a accepté de vous aider en jouant dans la pièce de votre vie, tout cela dans le but de vous

permettre de cheminer, de grandir, de guérir, de vous découvrir. C'est la compréhension derrière l'idée d'aimer même nos ennemis, de les bénir.

J'en conviens, c'est une tout autre façon de considérer la vie, et cette philosophie n'est pas facile à intégrer. Mais rappelez-vous que nous avons créé tous les rôles. Qu'aurions-nous à pardonner à une autre personne? Rien! Nous sommes les créateurs de notre vie. Tout ce qui est à l'extérieur, dans notre environnement, dans notre vie, tout est notre création, inconsciente pour la majeure partie, mais tout de même notre propre création.

Nous n'avons donc rien à pardonner à quiconque. Le fait de chercher à pardonner à quelqu'un d'autre équivaut à lui remettre le blâme pour la situation chaotique, ce qui est à l'encontre même de la loi de la responsabilité et, du même coup, de Ho'oponopono.

Si nous ressentons le besoin de pardonner à quelqu'un ou si nous jugeons qu'il doit nous demander pardon, c'est que nous n'avons pas accepté – et encore moins intégré – la notion de l'entière responsabilité. Nous rejetons le blâme sur l'autre, nous octroyant du coup le rôle peu enviable mais tellement populaire de victime. L'ego maintient que nous sommes une bonne personne, et l'autre, non.

D'ailleurs, dans le pardon tel que la société le conçoit, c'est-à-dire accordé aux autres, il y a un aspect pernicieux, une sorte de piège à éviter : « Tu m'as fait souffrir, tu as mal agi envers moi, mais comme je suis une bonne personne, je te pardonne. » C'est comme dire à l'autre : « Tu es une mauvaise personne, tu fais de mauvaises actions. Moi, je suis bon, je suis plus spirituel que toi, alors dans ma bonté je t'accorde le pardon, non pas parce que tu le mérites (tu es mauvais), mais bien parce que je suis bon. » Ça devient de l'ego spirituel, piège très subtil s'il en est un.

Cela dit, les gens qui pardonnent aux autres ne tombent pas tous dans ce piège. Et il est clair que cette notion de pardon aux autres, dans la société actuelle et sur le plan de conscience qui y prévaut, est de loin préférable à la rancune, au ressentiment ou à la vengeance. Notre point n'est pas de bannir le pardon qui, comme dit précédemment, est actuellement un meilleur choix que la haine.

Mais nous sommes appelés à passer à une étape supérieure. Nous sommes appelés à élever notre conscience (« Je t'aime ») et à accepter notre entière responsabilité (« Je suis désolé »). Sinon, nous sommes condamnés à demeurer sur le plan de conscience qui prévaut actuellement et qui ne nous permet pas d'exprimer pleinement notre propre grandeur, note véritable nature.

Nous n'avons pas à pardonner aux autres, nous n'avons qu'à les aimer, ce à quoi l'ego se refusera sans cesse.

En prononçant la troisième affirmation de Ho'oponopono, si nous nous sentons poussés à pardonner à quelqu'un, si l'image d'une personne en particulier et le souvenir de ses actions remontent à notre conscience avec toute la gamme d'émotions qui en découle, c'est un signe évident que nous n'adhérons pas à la notion de l'entière responsabilité. Cela aura une influence négative sur le processus de guérison lui-même. Il vaut mieux alors interrompre le processus et prendre un temps d'arrêt pour nous *repositionner* sur le plan de l'âme, sur le plan de l'amour. C'est la première loi, celle qui permet l'accès aux lois suivantes, celle où la notion de l'entière responsabilité peut être comprise. Seule l'élévation de conscience que permet l'amour peut mener à la compréhension, même sommaire, de la responsabilité et du sens de notre vie.

Mais alors, si nous n'avons pas à pardonner aux autres, à qui nous adressons-nous en formulant la troisième affirmation? À qui disons-nous « Pardonne-moi »?

À nous, simplement. C'est nous-mêmes qui avons créé la situation par ignorance, c'est donc à nous-mêmes que nous devons d'abord pardonner.

Ce n'est pas une mince tâche. Beaucoup de gens affrontent de grandes difficultés pour y parvenir, probablement liées à l'entière responsabilité, mais également à la reconnaissance de leur véritable nature, leur essence divine.

C'est pourquoi apprendre à nous témoigner de l'amour à nous-mêmes, comme nous l'avons vu à la première loi, revêt une grande importance. Si nous nous entraînons à nous aimer nous-mêmes et à cheminer vers la découverte de notre nature divine, il sera de plus en plus facile de nous pardonner nous-mêmes, non pas dans l'esprit que rien n'est grave, mais bien dans la compréhension de notre évolution.

Pour nous aider, nous pouvons aussi adresser notre demande de pardon à Dieu, à l'Univers, à la Source universelle, bref, à tout ce qui représente pour nous la dimension supérieure. Après tout, nous sommes une parcelle de cette Source, peu importe le nom que nous lui donnons. Lui demander pardon revient en quelque sorte à nous demander pardon.

Nous pouvons aussi visualiser notre ego, qui demande pardon à notre âme pour s'être égaré, et notre âme, qui lui demande pardon en retour pour ne pas avoir su le guider.

Le plus important est de ne pas relier le pardon à une personne en particulier, car ce serait aller à l'encontre du processus lui-même et cela nous ferait entrer et demeurer dans l'illusion de la séparation.

Mais qu'avons-nous à nous pardonner?

Ce n'est pas tant un geste quelconque, une action ou une parole que nous devons nous pardonner. Tout cela ne représente que les effets, non la cause. Nous devons plutôt travailler sur la source du chaos créé.

En affirmant « Je t'aime », nous nous accordons de l'amour, nous reconnaissons notre essence divine, notre grandeur. En prononçant « Je suis désolé », nous acceptons notre entière responsabilité et reconnaissons notre pouvoir créateur. En affirmant « Pardonne-moi », nous énonçons que notre amour — tant pour la vie que pour nous — et notre conscience sont suffisamment élevés pour nous pardonner nous-mêmes l'utilisation erronée de notre pouvoir créateur.

Cela enclenche une guérison, c'est-à-dire la « décréation » de la situation, quelle qu'elle soit. En nous pardonnant, nous défaisons ce que nous avions nous-mêmes créé. Nous retournons à l'état pur, à l'état d'« incréé » et d'énergie, l'assemblage de matière, de molécules, d'enchevêtrement d'énergie qui constituait la situation ou l'état chaotique non voulu.

Imaginons une blessure sur notre corps, disons une entaille profonde sur notre bras. Désagréable situation que nous nous sommes infligée en utilisant maladroitement un outil. La plaie est vilaine, mais le temps passe et, graduellement, le corps guérit, l'entaille se referme, la peau se cicatrise, si bien qu'au bout de quelques semaines, notre bras a retrouvé son apparence d'avant. La blessure n'y paraît plus. Et nous avons appris à manier plus adroitement notre outil afin qu'il remplisse adéquatement ses fonctions au lieu de nous blesser.

Le pardon agit symboliquement de la même manière. Il s'occupe d'une situation ou d'un état chaotique (l'entaille sur le bras) que nous avons causé par notre mauvaise utilisation de notre pouvoir créateur (mauvais maniement d'un outil). Il retourne la situation à son état pur, c'est-à-dire à son état de substance sans forme, d'énergie universelle d'où absolument tout est issu (la cicatrisation).

Le pardon retourne ainsi à la lumière, dans l'« informe », les liens, les atomes, les énergies que nous avions inconsciemment assemblés dans un mauvais agencement. Libre à nous par la suite de reprendre ces mêmes éléments, d'en ajouter ou d'en enlever, et de faire un nouvel agencement, une nouvelle création afin d'obtenir ce que nous voulons vraiment.

Le pardon constitue la part active du processus de Ho'oponopono, la véritable action guérisseuse.

Maintenant que nous sommes ancrés dans l'amour, que nous nous reconnaissons comme un créateur responsable et que nous avons guéri notre création chaotique, nous retournons à l'âme, dans la joie et dans un élan de gratitude.

Chapitre 6

...

« Merci »

La loi de la gratitude

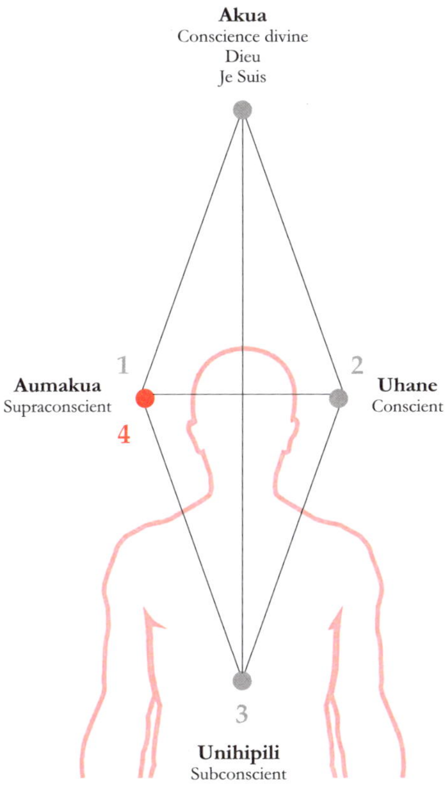

Après les affirmations et les mises en action des trois premières lois, nous complétons le processus par la quatrième loi spirituelle, celle de la gratitude, en disant « Merci ».

Bien que ce soit sans doute la partie la plus facile et la plus agréable du processus, elle n'en demeure pas moins d'une grande importance.

La gratitude inspire une énergie qui se rapproche de celle de l'amour. La gratitude élève l'âme et la nourrit de joie, tout comme le fait l'amour. Et comme l'amour, la gratitude est un important facteur d'attraction.

En prononçant « Merci », nous nous redirigeons vers l'âme. Nous avons effectué notre travail sur le plan du conscient et du subconscient grâce aux deuxième et troisième lois. Nous nous reconnaissons créateurs responsables, nous avons guéri notre création chaotique, nous voilà donc prêts à retourner à l'âme, le cœur léger et rempli de gratitude. Nous confirmons du coup à l'âme, au supraconscient, que l'unification de tout notre être est accomplie, que la rectitude est rétablie et que nous en sommes reconnaissants.

Nous pouvons nous témoigner de la gratitude pour le courage, l'effort et l'humilité dont nous avons fait preuve durant le processus de Ho'oponopono et nous pouvons adresser notre gratitude à la situation elle-même, aux différentes personnes impliquées et à la vie (ou à *Dieu*, si ce mot ne nous effraie pas trop).

D'abord, ayons de la gratitude envers nous-mêmes.

Tout comme pour l'amour, nous devons apprendre à nous témoigner de la gratitude comme nous en témoignons aux autres. Cela n'a rien à voir avec l'égotisme ou la complaisance. Nous avons appris à « remercier » pour tout ce que les gens font pour nous, des petits gestes aux plus grandes actions. Pourquoi ne nous témoignerions-nous pas de la gratitude à nous-mêmes? Pensons seulement à nos trois « Soi » qui travaillent constamment à notre maintien, à notre évolution et à notre direction. Songeons à tout ce que le subconscient fait pour nous, en régularisant tous les systèmes de notre corps sans même que nous ayons à y penser. Pensons aussi à l'inspiration de l'âme et aux merveilleux sens qu'utilise le conscient pour nous informer du monde extérieur et nous le faire découvrir. Et l'élévation de conscience, dont nous avons fait preuve durant le processus de Ho'oponopono, ne mérite-t-elle pas une dose de gratitude? La reconnaissance envers nous-mêmes nous permet d'unir les différentes parties de notre être, de créer l'Unité en nous-mêmes et surtout de nourrir envers nous un sentiment d'amour.

Nous pouvons ensuite témoigner de la gratitude envers la situation elle-même et les gens impliqués. Tout au long du processus de Ho'oponopono, la quatrième loi, celle de la gratitude, est la seule dans laquelle nous pouvons nous adresser à des gens en particulier, bien que ce ne soit pas obligatoire ou nécessaire. Nous les remercions d'avoir accepté de jouer leur rôle dans la situation parce qu'ainsi, ils nous ont donné la chance de grandir et de nous améliorer. Ils ont participé, inconsciemment, je le concède, à notre évolution. Et, pour cela, nous ne pouvons que les remercier. Même si nous ne le faisons pas directement ou de vive voix, tout est lié dans l'Univers. La gratitude, comme l'amour, mais aussi comme toute vibration, qu'elle soit positive ou négative, voyage et est captée par-delà les esprits conscients. C'est une communication d'âme à âme.

La gratitude est également un antidote fort efficace contre la rancune et le ressentiment. En remerciant les gens, notre réflexe naturel est de considérer – et même de rechercher – ce qui nous inspire cet élan de gratitude envers eux.

Notre regard intérieur doit forcément s'orienter vers les bons aspects de la personne. Il s'agit d'en faire l'expérience pour en prendre conscience. Essayez simplement de remercier sincèrement une personne avec qui vous êtes en conflit tout en restant négatif envers elle. Le fait de la remercier vous aiguille automatiquement sur les aspects positifs de la personne, même si vous avez toujours un grief contre elle.

Et c'est le même principe en ce qui concerne la gratitude envers la situation elle-même. Qu'elle soit dramatique, douloureuse ou simplement chaotique, il n'en demeure pas moins qu'elle nous oblige à nous tourner vers notre force intérieure. Elle nous permet de mettre en lumière des aspects de nous qui cherchent à s'exprimer ou à guérir.

La gratitude nous pousse à trouver les aspects positifs de l'expérience vécue et à comprendre la leçon qu'elle comportait. Considérer l'expérience de cette façon est déjà une guérison et une ouverture de conscience.

Notre gratitude s'étend également à la dimension supérieure de la vie, à ce qui est plus grand que nous, à cette force universelle qui nous nourrit, qui nous soutient, qui nous aime! La gratitude inspire l'humilité. Nous sommes aimés par une dimension tellement plus grande que nous. Comment ne pas en être reconnaissants? Que nous appelions cette dimension *Dieu*, *force universelle*, *principe de vie*, nous sommes Un avec elle, nous venons d'elle, nous sommes de la même essence, même si nous n'arrivons pas encore à bien le concevoir. Cette seule pensée devrait suffire à nous rendre reconnaissants et à nous amener à témoigner notre gratitude.

La gratitude a également la particularité de faire croître ce vers quoi elle est dirigée. L'un des principes selon lesquels vivaient les Hawaïens stipule que l'énergie suit notre concentration. Ainsi, plus je me concentre sur un élément ou un aspect de ma vie, plus celui-ci sera nourri de mon énergie et plus il croîtra, que cet élément soit positif ou négatif. En m'efforçant de ressentir de la gratitude pour des aspects de ma vie, ces mêmes aspects auront tendance à prendre de l'importance. La gratitude, lorsqu'elle est sincère et réelle, laisse peu de place aux sentiments négatifs, car elle est reliée à l'âme, au même titre que l'amour.

Dans le processus de Ho'oponopono, elle fait ainsi grandir notre compréhension des lois spirituelles, notre ouverture à l'amour, notre connexion à notre pouvoir créateur et notre capacité de guérison.

La gratitude nous prédispose à recevoir, à recevoir toujours plus, en créant l'espace nécessaire pour que non seulement Ho'oponopono se complète et se fortifie, mais également pour que notre pouvoir créateur s'aligne sur notre plus grand bien et nos désirs les plus profonds, ceux inspirés par notre âme.

Chapitre 7

...

Fin du processus

C'est donc par un retour à l'âme que se complète la guérison à l'aide de Ho'oponopono. Le processus a débuté à ce niveau et s'y termine également. Vous pouvez répéter le processus autant de fois que vous le désirez, soit en une seule session ou en plusieurs.

Toutefois, à la fin d'une séance ou d'une suite de répétitions, il est profitable de lâcher prise, de vous détendre, de demeurer dans des énergies de confiance et d'intériorisation, mais sans garder votre concentration sur le problème ou la situation pour laquelle vous avez fait Ho'oponopono. De toute façon, si vous avez accompli le processus dans la conscience des lois spirituelles, vous serez enveloppé d'une énergie calme et rassurante. C'est ce sentiment qu'il faut nourrir.

J'aimerais apporter un dernier point.

Les première et quatrième lois sont les plus fortes. Dire « Je t'aime » et « Merci » peut suffire à changer toute situation, à rectifier tout état chaotique. Il ne faut pas nous en étonner puisque ces deux lois se vivent sur un palier supérieur de la conscience, celui de l'âme. Le Dr Hew Len propose même de travailler parfois avec seulement ces deux lois et les phrases correspondantes. Ces dernières passent outre les deuxième et troisième lois, non pas en les ignorant, mais en les englobant. L'avantage de ce raccourci est de demeurer dans une vibration plus élevée, d'éviter la difficulté de la reconnaissance et de l'acceptation de la deuxième loi (responsabilité) et la charge émotive de la troisième loi (pardon). Pour certaines personnes, ce raccourci est plus acceptable, plus accessible que la méthode complète. Il ne faut donc pas se retenir de l'utiliser. Cependant, il ne remplace pas la méthode complète sur le plan de la prise de conscience et du changement de perception de la vie ainsi que du travail profond de guérison du pardon envers nous-mêmes. Personnellement, je l'utilise comme un complément, selon les situations ou les événements. C'est aussi ce que je vous recommande : faire régulièrement la méthode complète, mais entre les sessions, compléter par la formule abrégée qui vous fortifiera, vous élèvera dans la joie et donnera aussi des résultats.

Conclusion

Au moment de rédiger ce livre, la popularité de Ho'oponopono se répand à travers le monde entier. Des centaines de milliers de personnes en font l'usage, pour leur plus grand bénéfice. Cette technique, bien que simple, mérite que chaque lecteur l'expérimente et en constate les résultats, s'il est disposé, bien sûr, à lui donner une véritable chance. Comme pour toute autre technique, un apprentissage est nécessaire, une confiance est à gagner, et le temps est indispensable. Les témoignages démontrent toutefois clairement que cette méthode finit par donner des résultats surprenants. Qu'avons-nous à perdre à l'expérimenter pendant une période de temps donnée?

Nous avons une chance incroyable d'avoir cet outil de transformation et de guérison à portée de main, constamment et pour toutes les situations possibles. Cet enseignement a traversé les âges. Utiliser Ho'oponopono, c'est faire appel à une sagesse ancestrale.

C'est aussi nous relier à ce qu'il y a de plus élevé en nous, l'âme. Bien que la démarche de ce livre – et de bien d'autres – soit nécessaire pour que le mental comprenne le processus et calme les interrogations qui l'assaillent, Ho'oponopono doit se vivre, se ressentir. Il est conseillé, une fois que les aspects du processus sont compris, de rester sur le plan du cœur en utilisant la technique. Intellectualiser le processus ne ferait que lui nuire, le ralentir, voire l'étouffer. Ho'oponopono fait appel à une dimension de notre être qui ressent les choses, qui capte les modulations vibratoires autour de nous et en nous. Que le lecteur prenne le temps de relire ce livre pour s'assurer de bien saisir non seulement les énergies mises en œuvre, mais aussi la portée de la méthode, puis qu'il taise son mental et plonge dans son cœur, dans son sanctuaire intérieur, dans l'essentiel de la vie. C'est là que se déroule le processus alchimique de Ho'oponopono.

Ces quatre phrases (« Je t'aime », « Je suis désolé », « Pardonne-moi », « Merci ») et ces quatre lois (amour, responsabilité, pardon, gratitude) vous rendront libre et vous élèveront jusqu'à votre véritable nature.

C'est la grâce que je vous souhaite.

Autres titres sur Ho'oponopono et sur la spiritualité hawaïenne publiés aux Éditions Le Dauphin Blanc

Demandez à l'Univers, Barbel et Manfred Mohr

Huna, le secret hawaïen en action, Sylvie Doré

Huna, les secrets hawaïens ancestraux pour les temps modernes, Serge Kahili King

Retourner au point zéro, Robert F. Ray

La Villa des Miracles, Alain Williamson

Vivre selon la voie la plus facile, Mabel Katz

La voie la plus facile, Mabel Katz

Zéro limite, Joe Vitale et Ihaleakala Hew Len

Les sept principes hawaïens

1- Le monde est exactement ce que vous pensez qu'il est.

2- Il n'y a aucune limite.

3- L'énergie suit l'attention.

4- Le moment présent est le seul instant de pouvoir.

5- Aimer, c'est être heureux avec ce qui est.

6- Tout pouvoir vient de l'intérieur.

7- On mesure la vérité à l'efficacité.

Prière rédigée par Morrnah Simeona

Créateur Divin, Père, Mère et Fils qui ne font qu'un…

Si moi, ma famille, mes proches ou mes ancêtres vous ont offensés ou offensé votre famille, vos proches ou vos ancêtres en pensées, en mots, en actes et en actions depuis le début de la création jusqu'à aujourd'hui, nous implorons ton pardon…

Puisse tout cela être nettoyé, purifié et libéré.

Que tous les blocages, les mémoires, les énergies et les vibrations négatifs soient coupés.

Puissent toutes ces énergies indésirables être transmutées en pure Lumière.

Ainsi soit-il !

Citations de Morrnah Simeona

« Ho'oponopono est un cadeau d'une valeur inestimable qui permet, en premier lieu, de développer une relation privilégiée avec notre divinité intérieure pour ensuite être en mesure de demander à cette divinité intérieure de nous apprendre à purifier nos erreurs de pensée, de parole et de geste, et nos actions en tout temps. Voilà le processus de la liberté qui couronne toute la libération du passé. »

« Nous sommes le total de nos expériences, ce qui signifie que nous sommes alourdis par notre passé. Lorsque nous ressentons du stress ou de la peur dans notre vie, si nous nous observons attentivement, nous constatons que la cause de ces désagréments est une mémoire. Ce sont les émotions liées à ces mémoires qui nous affectent

aujourd'hui. Le subconscient associe une action ou une personne du présent à un événement du passé. Lorsque cela survient, les émotions sont activées et causent du stress. »

« Les Occidentaux sont des êtres cérébraux; il leur est très difficile de mettre leur mental de côté et d'accéder au Soi profond, car les religions traditionnelles n'ont pas mis cette notion en évidence. L'Occident a poussé au maximum l'intellectualisation qui divise et maintient les gens dans un état de séparation. L'homme est ainsi devenu destructeur, parce qu'il cherche à contrôler et à manipuler au lieu de laisser la perpétuelle force de la Divinité couler à travers lui et lui inspirer l'action juste. »

« Nous sommes ici pour apporter la paix dans notre propre vie, et si nous apportons la paix dans notre propre vie, tout, autour de nous, retrouve sa juste place, son rythme et sa paix. »

Notes personnelles

À propos de l'auteur

Alain Williamson propose des ateliers et des conférences sur le sujet du présent ouvrage ainsi que sur la science des miracles, sur la passion, sur la mission de vie et sur la numérologie.

Pour toute information, vous êtes invité à lui écrire à :
alainwilliamson@dauphinblanc.com ou à visiter le site
www.alainwilliamson.com

Vous pouvez aussi suivre Alain Williamson sur Facebook.

MARQUIS

Québec, Canada

MIXTE
Papier issu de
sources responsables
FSC® C103567
FSC
www.fsc.org